MW01244165

Códigos Secretos para el Éxito

Los 7 Códigos Secretos para Disfrutar de una vida Feliz y Exitosa

Pablo Fabrizio Valle

Houston, TX 77386
www.7SecretCodes2Success.com

Información de pedidos:

Volumen de ventas. Se ofrecen descuentos especiales para compras de grandes cantidades por parte de corporaciones, asociaciones y otros. Para obtener más detalles, póngase en contacto con el editor en la dirección indicada arriba.

Pedidos de librerías comerciales y mayoristas de EE.UU. Por favor, póngase en contacto con nosotros en:

Tel: (800) 582-1957

Fax: (800) 582-1957 o visita

www.7SecretCodes2Success.com.

Impreso en los Estados Unidos de América

ISBN Edición Impresa 978-1-649-21261-0
Primera Edición

7 Códigos Secretos para el Éxito

EN MEMORIA

DE MI PADRE
QUE EN VIDA FUE
LUIS ALBERTO VALLE RAZA

NOVIEMBRE 21, 1948 – MARZO 27, 2020

7 Códigos Secretos para el Éxito

EN MEMORIA

DE MI TIO
QUE EN VIDA FUE
**LEONARDO FABIAN
VALLE RAZA**

FEBRERO 4, 1971 - ABRIL 18, 2020

7 Códigos Secretos para el Éxito

DEDICATORIA

Dedico este libro a toda mi familia, amigos y socios de negocios que me han animado a continuar en el camino del éxito. Sería injusto nombrar a todos porque sé que hay muchas personas que tuvieron un impacto positivo en mi vida, y seguro que me olvidaré de nombrar a algunos de ustedes.

También quisiera dedicar este libro a mi madre Nancy A. Manobanda, a mi padre Luis A. Valle, a mi abuela "Abuelita" Elena por haberme criado con una fuerte ética de trabajo y por todo lo que me han dado. A mi suegro "Don" Gonzalo E. Castro y a mi suegra "Doña" Olga (Lupita) Castro-Palacios por apoyarme y animarme en las primeras etapas de mi matrimonio y a lo largo de mi carrera universitaria. A mi hermana Nancy Molina por estar siempre ahí para mí y mi familia.

Finalmente, dedico este libro a una mujer especial en mi vida que significa el mundo para mí; mi esposa Tanya N. Valle y mis hijos Justin P. Valle, Jeremy T. Valle y Jayden C. Valle. Ellos son mi fundamento e inspiración para luchar siempre por alcanzar la grandeza.

Pablo Fabrizio Valle

7 Códigos secretos para el Éxito

Agradecimientos

Deseo agradecer personalmente a las siguientes personas por sus contribuciones a mi inspiración, su sabiduría y otras contribuciones para la creación de este libro:

Oradores motivacionales y autores como Les Brown, Jim Rohn, Jack Canfield, Bob Proctor, Napoleon Hill, T Harv Eker, Tony Robbins, Earl Nightingale, Dr. Wayne Dyer y Spenser Johnson.

Personas con las que he trabajado o hecho negocios; Joe Roque, George Anderson, Ray Hewitt, Albert Pérez, Sandra Flores, Carl Scott, Jr., Dr. Claire McKnight, Dr. Neville Parker, Vince Obregon, Mike Ogden (que en paz descanse), Mariana Cortez, María Rebollar, Isabel Aristizabal, Alfonso Mancera, Pastor Kenny Smith, Alexander Quintero, Johana Quijano y Alva Kattan.

Sus enseñanzas, filosofías, tutoría y amistad han tenido un impacto positivo en mi vida y mi carrera. Les agradezco a todos y cada uno de ustedes desde el fondo de mi corazón.

Pablo Fabrizio Valle

Tabla de Contenido

12

Sobre este Libro

7 CÓDIGOS SECRETOS PARA EL ÉXITO

"La vida es como una cerradura de combinación; tu trabajo es encontrar los números, en el orden correcto, para que puedas tener todo lo que quieras."

— Brian Tracy.

Para vivir una vida más feliz y exitosa no importa de dónde vengas, ya sea de Yale o de la cárcel, de Europa, Sudamérica, América Central, Estados Unidos de América, o si eres bajo, alto, guapo o no... ¡Lo que importa es que conozcas los "Códigos Secretos" del éxito!

A menudo hago la analogía, como Brian Tracy menciona en su cita que la vida es como una cerradura de combinación; Para desbloquear la felicidad y el éxito en tu vida todo lo que necesitas saber es el código correcto. Mucha gente cree que hay un "Código Secreto" para el éxito, pero la realidad es que la mayoría de los códigos ya se te han revelado y/o has sido expuesto a ellos.

¿Qué es el éxito? Mucha gente cree que el éxito es tener mucho dinero, un coche o una casa cara, o una posición de poder en la sociedad. Napoleón Hill define el éxito como la realización progresiva de un ideal que vale la pena. En otras palabras, si eliges convertirte en un maestro y estás trabajando continuamente hacia tu meta (por ejemplo, asistir a la universidad para obtener tu título de maestro) entonces ya eres un éxito.

¿Cuáles son los "Códigos Secretos" del éxito? Puedes preguntar... En los últimos veinte años de mi vida me he centrado en mi propio crecimiento y desarrollo personal. He leído varios libros de desarrollo personal, he asistido a varios seminarios, y he visto muchos videos motivacionales. Me he dado cuenta de que varios de estos recursos de crecimiento personal tienen un tema común que se centra en las características, rasgos y habilidades que un ser humano debe tener para ser feliz y exitoso.

En esta guía práctica "7 Códigos Secretos para el Éxito" resumo estas características, rasgos y habilidades en 7 capítulos, cada uno de ellos centrado en un código secreto que te ayudará a "Desbloquear" una vida llena de felicidad y éxito.

Código	Consigue tu
#1	**Propósito de vida**

"Cuando vives cada día de tu vida con energía, emoción, plenitud, motivación y pasión, entonces estás viviendo tu verdadero propósito de vida" - Desconocido

Mientras seguía escribiendo esta guía práctica, decidí mover este capítulo - Consigue tu propósito de vida del último al primero. Creía que para vivir una vida feliz y exitosa es más importante encontrar primero el propósito de tu vida que empezar a establecer tus metas. Cuando me senté un día para empezar a escribir este capítulo me encontré perdido y sin saber cómo guiar a la gente a encontrar su propósito de vida.

Pronto me di cuenta de que no sabía cuál era el propósito de mi vida o incluso cómo encontrarlo. Esta es una lucha que la mayoría de la gente como yo experimenta. Algunos incluso pasan toda su vida tratando de encontrar su propósito en la vida. Me llevó más de tres meses pensar en mi propio propósito de vida. Empecé a buscar en línea y muchas de mis búsquedas me llevaron a un propósito de vida basado en la religión. Mientras leía varios artículos, comencé a hacerme algunas preguntas al azar:

¿Qué me hace feliz en la vida?

¿Por qué estoy en esta tierra?

¿Cuáles son mis mayores talentos?

¿Cuáles son algunas de mis mayores contribuciones a mi comunidad?

¿Qué preferiría estar haciendo si el dinero no fuera un problema?

¿Cómo puedo tener un impacto positivo en la vida de otras personas?

Deténgase un momento y hágase estas preguntas. Tómese el tiempo de responder a las preguntas anteriores escribiendo lo primero que le venga a la mente. Una vez que hayas respondido a todas estas preguntas vuelve a leer tus respuestas. Empieza a pensar y "soñar" con la vida que te gustaría vivir si el dinero NO fuera un problema.

Muchas veces, nos abstenemos de "Soñar despierto" la vida que queremos porque nos limitamos a las realidades de nuestra vida (por ejemplo, la falta de dinero, qué pasa si fracaso, qué pasa si tengo éxito, qué pensarán mis amigos y mi familia, etc...).

Como conseguir tu Propósito de Vida

En la siguiente sección, voy a compartir con ustedes tres simples pasos para encontrar el propósito de su vida. Primero, permítanme comenzar definiendo lo que queremos decir con " Tu Propósito de Vida".

El propósito de tu vida son los objetivos núcleo de motivación de tu vida. En otras palabras, las razones por las que te levantas cada mañana. Tu propósito de vida puede ser el GPS que guía tus decisiones de vida, puede influir en tu comportamiento, puede impactar tus objetivos, ofrecer un sentido de dirección, y crear un significado en tu vida.

Para algunas personas, el propósito de su vida está conectado a su profesión. Para otros, el propósito de su vida puede centrarse en su familia o amigos. Otros pueden buscar un significado a través de la espiritualidad o las creencias religiosas.

El propósito de su vida será único en comparación con otros; lo que puedes identificar como tu visión y misión puede ser diferente de los demás. Además, tu propósito de vida puede cambiar continuamente y cambiar a lo largo de tu vida a medida que tus prioridades evolucionan, y tus experiencias cambian.

Vuelve a la sección anterior y piensa en tus respuestas a las siguientes tres preguntas:

¿Qué me hace feliz en la vida?

¿Cuáles son mis mayores talentos?

¿Cómo puedo tener un impacto positivo en la vida de otras personas?

Las respuestas a estas tres preguntas se centran en tu **Pasión, Talento y Misión.**

Los tres simples pasos para encontrar tu propósito se centran en estas tres áreas de la vida: Pasión, Talento y Misión.

En la siguiente sección, he delineado los tres pasos que te ayudarán a encontrar tu propósito.

Las personas más felices y exitosas de esta tierra tienen todas las siguientes características en común: Hacen algo que aman, crean algo en lo que creen, viven una vida con un propósito...

1. Haz una lista de tus habilidades y talentos

_____

_____

Algunas personas están dotadas (son talentosas) con una gran voz para cantar, mientras que otras tienen el don de ser grandes narradores de historias o comunicadores. Piensa en algunas de las habilidades que surgen de ti naturalmente o que disfrutas haciendo.

2. ¿Qué es importante para ti en tu vida?

_____

Ahora piensa en las cosas que son importantes en tu vida. Para algunos, lo que es importante en la vida puede ser trabajar para crear conciencia sobre una enfermedad específica que puede afectar a un ser querido. Para otros, puede ser trabajar con niños afectados por una enfermedad.

3. Piensa en tres problemas en tu Comunidad

1 _____

2 _____

3 _____

Cuando empieces a pensar en los tres problemas de tu comunidad, piensa en cómo puedes tener un impacto positivo con tus habilidades y talentos para resolver esos problemas.

De la lista anterior, ¿Cuál es el problema número uno de tu comunidad?

_____

¿Cómo puedes contribuir a resolver o mejorar ese problema número uno y tener un impacto positivo en la vida de las personas? Completa la siguiente pregunta

Si se me garantizara el éxito en un 100% yo…

_____

_____

_____

Cuando comiences a combinar tu **pasión, talento y misión** en la vida, comenzarás a vivir una Vida llena de Propósito. Recuerda que tu propósito puede cambiar continuamente y cambiar a lo largo de tu vida a medida que tus prioridades evolucionan y tus experiencias cambian.

Código #2 | Establece tus Metas

"Una meta es un sueño con una fecha límite". - Napoleón Hill

Mucha gente espera hasta el Año Nuevo para empezar a establecer metas nuevas, la mayoría de la gente comienza a establecer metas la primera semana de enero, pero para el 15 de enero la mayoría de la gente ya se ha dado por vencida con sus metas. De hecho, el 15 de enero se ha convertido en el Día Internacional del Desertor. Para vivir una vida más feliz y exitosa es importante establecer metas y la buena noticia es que no hay que esperar hasta el Año Nuevo para empezar a establecerlas. ¡Puedes empezar hoy mismo! La pregunta más frecuente y que muchos se hacen es "¿Cómo puedo empezar a establecer metas?" Compartiré pautas prácticas y te permitiré establecer objetivos a medida que continúes leyendo este libro. Primero, quiero compartir con ustedes la importancia de establecer metas y escribirlas.

Importancia de establecer Metas

Pensemos por un momento lo difícil que sería para nosotros jugar al baloncesto sin tener un aro de baloncesto, jugar al fútbol sin tener goles, o incluso jugar al fútbol sin tener una zona de anotación o sin goles de campo. En cada uno de estos juegos el "Gol" o el objetivo del juego es lanzar la pelota de baloncesto al aro, patear el balón de fútbol a las porterías, y correr/pasar el balón a la zona de anotación y/o patear el balón entre los postes para anotar puntos. De manera similar, sería difícil vivir una vida más feliz y exitosa si no nos fijamos metas que nos proporcionen un sentido de dirección e identifiquen lo que queremos en la vida. Es tan importante como escribir tus metas.

Establecer Metas

No es común que la gente se fije objetivos para sí mismos y muy pocas personas que lo hacen, escriben sus objetivos. La gente no se fija metas por dos razones principales:

1. El miedo al fracaso, y
2. El miedo al éxito

Algunas personas tienen miedo de fijarse metas porque temen no alcanzar los objetivos que se han propuesto, mientras que otras temen alcanzar sus objetivos de tener éxito y no saber qué hacer.

Otros no se fijan metas para sí mismos porque simplemente no saben dónde y cómo empezar a fijarse metas. Aquí hay una forma práctica de empezar a establecer objetivos. Primero, toma un papel en blanco y encuentra un lugar cómodo donde puedas empezar a pensar en las cosas que te gustaría lograr en tu vida. Si no puedes agarrar una hoja de papel en blanco, puedes empezar a usar los espacios en blanco que te proporcionaré en las siguientes páginas.

Empieza a pensar en las diferentes áreas de tu vida que te gustaría cambiar. Algunas áreas de tu vida que te gustaría mejorar pueden incluir lo siguiente:

1.   Salud y bienestar físico
2.   Familia
3.   Vida social
4.   Carrera/Profesión
5.   Negocios
6.   Pasatiempos
7.   Participación en la sociedad
8.   Viajes
9.   Religión
10. Tú mismo

Las áreas mencionadas anteriormente te permitirán jugar con tu memoria y te ayudarán a pensar en las áreas en las que te gustaría trabajar. Elige tres áreas principales de tu vida en las que te gustaría mejorar. Estas serían las tres áreas más importantes para ti. Enumera tus tres áreas mayores a continuación:

1. _____

2. _____

3. _____

Por ejemplo, las tres áreas de mi vida que quería mejorar cuando escribía este libro eran mi salud, mi carrera y mi negocio. Entonces, para cada una de las tres áreas escribe dos cosas que te gustaría mejorar.

Por ejemplo, en el área de Salud mis objetivos eran empezar a comer más sano y perder quince libras en un período de tres meses.

1. Área 1:

    a. Mejora 1 _____

    b. Mejora 2 _____

    c. Mejora 3 _____

2. Área 2: _____

    a. Mejora 1 _____

    b. Mejora 2 _____

    c. Mejora 3 _____

3. Área 3: _____

    a. Mejora 1 _____

    b. Mejora 2 _____

    c. Mejora 3 _____

Este ejercicio te dará una idea general de las áreas que te gustaría mejorar y determinará qué mejoras te gustaría hacer.

Establecer las Metas S.M.A.R.T.E.R.

En esta sección te mostraremos cómo puede empezar a expandir tus metas utilizando un método común llamado S.M.A.R.T.E.R. Goals (Metas Inteligentes) El acrónimo en inglés significa lo siguiente: Específico (specific), medible (measurable), alcanzable (attainable), relevante (relevant), tiempo (timely), evaluar (evaluate) y repetir (repeat).

Acrónimo	Descripción	Desarrollar Metas S.M.A.R.T.E.R
S	Específico	El objetivo debe ser claro y específico; **qué** se va a lograr, por **quién**, **dónde** y **cuándo** se va a lograr.
M	Medible	El objetivo debe ser medible. ¿**Cómo** se medirá el progreso de tu objetivo? Comienza con el resultado final y los hitos a lo largo del camino para alcanzar tus objetivos.
A	Alcanzable	El objetivo debe ser realista y alcanzable en un tiempo determinado y razonable. Puedes preguntarte a ti mismo: ¿Cómo puedo lograr mis objetivos?
R	Relevante	El objetivo debe ser relevante para lo que se quiere lograr a corto y largo plazo. Una meta relevante puede representar un objetivo que valga la pena y por el cual la persona que establece la meta esté dispuesta y sea capaz de trabajar.
T	Tiempo	El objetivo debe tener una fecha límite específica para su finalización / logro.
E	Evaluar	Esta parte es donde evalúas tu progreso. Si no has cumplido tus metas, vuelve a establecer tus objetivos.
R	Repetir	Esta última parte es para que repitas el proceso. Si no cumpliste tus objetivos reajusta y repite. Si cumpliste tus metas, establece nuevas metas y repite.

Ejemplo de una meta S.M.A.R.T.

El Departamento de Ingeniería de XYZ, Inc. ha identificado un objetivo para mejorar la comunicación y la capacidad de redacción de todos los directores de proyectos superiores, mediante la realización de cursos de formación interna. Todos los PM Senior completarán un total de tres cursos para el 31 de mayo de 2025.

No es una meta S.M.A.R.T:

El empleado mejorará sus habilidades de comunicación y escritura.

Este objetivo no es un objetivo del S.M.A.R.T. porque no identifica una medida o un marco temporal, ni tampoco identifica por qué se necesita la mejora o cómo se utilizará.

Usa la plantilla de abajo para empezar a escribir tus metas S.M.A.R.T. E.R:

Especifico – ¿QUIÉN? ¿QUÉ? ¿CUÁNDO? ¿DÓNDE?

Medible – ¿CÓMO?

Alcanzable – ¿RAZONABLE?

Relevante – ¿CUÁL ES EL RESULTADO ESPERADO?

Tiempo– ¿CUÁNDO?

Código #3 | Hazte Responsable

"Debes asumir la responsabilidad personal. No puedes cambiar las circunstancias, las estaciones o el viento, pero puedes cambiarte a ti mismo". - Jim Rohn

A principios del año nuevo de 2019, decidí hacer cambios en tres áreas de mi vida: mi salud, mi carrera y mis negocios. Empecé usando las pautas del Código #2 – Establece tus Metas. Describí todas mis metas en estas tres áreas. Luego di un paso más; empecé a compartir todas mis metas dentro de mi Red a través de un podcast en vivo en Facebook.

A medida que empecé a trabajar hacia mis metas, comenzaron a ocurrir grandes cambios en mi carrera profesional. Un lunes por la mañana, alrededor de las 10 a.m me llamaron a la oficina de mi Vicepresidente y mientras caminaba hacia su oficina, pensaba en el peor de los casos. Cuando entré en su oficina, mi Vicepresidente me dijo que por favor cerrara la puerta detrás de mi y me sentara. Después de una larga introducción de por qué me llamaron a su oficina, me dijo: "Tu posición actual ha sido eliminada y tienes dos opciones", Opción 1. Transferirte a otra división o la opción 2. Dejar la agencia. Sin dudarlo le dije,

¿cuándo puedo transferirme a la otra división? Y respondió: "Dentro de una semana".

Al regresar a mi oficina, comencé a culpar de mi situación actual a los cambios de la organización. No podía creer que me volviera a pasar esto ya que mi última transferencia de división ocurrió tres años antes. También empecé a culpar de mi situación a mi supervisor directo.

Debemos responsabilizarnos

Esta situación me recordó un discurso motivacional de Les Brown donde decía que mientras vivamos la vida, vamos a estar en un problema, saliendo de un problema, o como mis buenos amigos tejanos dirían: "Arreglándose para" entrar en un problema. En otras palabras, no podemos evitar los problemas, pero es muy importante cómo reaccionamos a ellos. También recordé que Les decía que no podemos salir de un problema con la misma mentalidad que nos metió en ese problema. ¿Por qué menciono esto? Inmediatamente comencé a reaccionar a mi problema culpando a los cambios organizativos que la agencia había adaptado recientemente y culpando a mi supervisor directo. No me di cuenta de que me puse en esa situación al tomar la decisión de aceptar mi primer traslado de división tres años antes. Es la naturaleza humana culpar a todos los demás por cualquier problema que podamos estar enfrentando en lugar de asumir la responsabilidad.

Cuando las cosas no van de acuerdo con nuestros planes, empezamos a culpar a las situaciones/circunstancias externas que están fuera de nuestro control. Culpamos a la economía, al gobierno, al clima, e incluso a los cambios en nuestras oficinas. No nos damos cuenta de que nos hemos puesto en esa situación por las elecciones y decisiones que tomamos. Para vivir una vida feliz y exitosa, debemos comenzar a tomar responsabilidad por nuestras situaciones actuales.

Tres cosas que controlamos

En el libro *Principios del éxito* de Jack Canfield, Jack menciona que tenemos el control de tres cosas principales en nuestra vida:

1. Los pensamientos que pensamos,
2. Las imágenes que visualizamos, y
3. Las acciones que tomamos

En resumen, Jack Canfield menciona que tú y sólo tú tienes el control total de los resultados que estás obteniendo en tu vida. También menciona que puedes cambiar tu vida cambiando los pensamientos y las imágenes que permites que entren en tu mente y las acciones que realizas.

Cuando estaba leyendo el libro de Jack Canfield, me recordó a un amigo que está en el sector inmobiliario. Mi amigo siempre comentaba que su negocio de bienes raíces declinaba de octubre a diciembre debido a las temporadas de vacaciones. Mencionaba que en octubre la mayoría de la gente se centraba en la celebración de Halloween. En noviembre la gente se preparaba para la fiesta de Acción de Gracias (Thanksgiving), el Viernes Negro (Black Friday) y los especiales del Lunes Cibernético (Cyber Monday). Luego en diciembre, mi amigo decía que todos se preparaban para unas largas vacaciones familiares, las fiestas de Navidad y Año Nuevo.

Recuerdo haberle dicho a mi amigo que en los mismos meses de octubre a diciembre nuestra organización de redes (Small Business Connexion) experimentaría el máximo crecimiento. Obviamente, mi amigo de bienes raíces estaba en shock y me preguntó cómo era posible y le dije a mi amigo que me rehúso a creer que todos se irán de vacaciones familiares o se prepararán para las festividades navideñas durante esos meses. Entonces le dije a mi amigo que me responsabilizaba al 100% de los pensamientos y acciones que tomaría durante esos meses.

Varias de las empresas de redes que son competencia disminuirían los eventos que organizaban mientras que otras dejarían de hacer eventos por completo. Durante los meses de octubre a diciembre, estuve ocupado organizando varios eventos de *networking*. De hecho, en diciembre éramos una de las pocas empresas que todavía organizaban eventos; le dije a mi amigo que me niego a pensar como todo el mundo, prefiero observar a las masas y hacer lo contrario.

Hazte esta pregunta:

¿He culpado a otros por una situación que ha ocurrido en mi vida?

_____

Si has respondido Sí a esta pregunta, entonces no has estado asumiendo el 100% de la responsabilidad.

Ejercicio del Plan de Acción

Piensa en tres cosas que puedes empezar a cambiar hoy y que pueden tener un impacto y un resultado positivo en tu vida, tu carrera y tu negocio:

1. _____

2. _____

3. _____

Código #4 | Acepta los Cambios

"Todo lo que haces se basa en las elecciones que haces. No son tus padres, tus relaciones pasadas, tu trabajo, la economía, el clima, una discusión o tu edad los que tienen la culpa. Tú y sólo tú eres responsable de cada decisión y elección que haces. Punto." - Wayne Dyer

Leí un libro que hacía referencia a la infame frase "El cambio es constante". Al principio, me confundí con esta frase, pero me di cuenta de que todo en nuestras vidas está cambiando continuamente. Nuestras relaciones, nuestra salud, nuestras carreras, nuestros negocios, nuestras ideas, e incluso la tecnología cambia continuamente. En la mayoría de los casos, nos convertimos en un hábito, en una zona de confort, en una cierta forma de hacer las cosas. Cuando de repente algo cambia, entramos en pánico, y nos resistimos al cambio en lugar de aceptar el cambio.

Toma como ejemplo la conocida historia de Blockbuster, la mega tienda de alquiler de videos. La tecnología comenzó a cambiar, el Internet se hizo más accesible y la velocidad de descarga aumentó. En resumen, Netflix comenzó a cambiar su modelo de negocio de alquiler de películas de DVD por correo a alquiler de películas por streaming online. Netflix ofreció vender su negocio a Blockbuster, pero Blockbuster se negó. Todos sabemos lo que le pasó a Blockbuster y dónde está Netflix hoy. El cambio es constante, debemos estar dispuestos a aceptar el cambio para vivir una vida exitosa y feliz.

La historia de quién movió mi queso

Uno de mis libros favoritos que me han enseñado a aceptar el cambio de forma positiva es la fábula de *¿Quién movió mi queso?* de Spencer Johnson. La historia es sobre dos ratones: Scurry y Sniff, y dos 'personitas', Hem y Haw. Al principio de la historia todo está bien ya que los cuatro personajes han encontrado una abundante fuente de queso. Los pequeños: Hem y Haw, emocionados por el queso que encontraron, mudan sus casas para estar más cerca del queso. El queso se ha convertido en el centro de sus vidas.

Una mañana llegan al lugar donde estaba el queso y descubren que todo ha desaparecido. Aquí es donde la historia se pone interesante, los ratones: Scurry y Sniff aceptan inmediatamente la falta de queso y comienzan a buscar más. Por otro lado, la gente pequeña: Hem y Haw han construido sus vidas alrededor del queso y no pueden creer que todo haya desaparecido.

El queso puede ser una representación de nuestras carreras, relaciones y negocios. Tendemos a construir nuestras vidas alrededor del "queso" y cuando éste se termina, sentimos que es el fin del mundo. En su libro, el mensaje de Johnson es muy poderoso porque ayuda a ver el cambio no como el fin de una situación sino como una oportunidad para comenzar otra.

Acepta el Cambio

Aceptar el cambio puede ser una de las cosas más difíciles para todos. Somos criaturas de hábitos y todos somos geniales dentro de nuestra zona de confort, pero tenemos miedo de lo desconocido.

Uno de los mayores cambios que experimenté en mi carrera fue ser transferido de la División de Ingeniería a la División de Mantenimiento de Instalaciones. Al principio, no entendía por qué estaba ocurriendo este cambio y me pregunté cómo iba a encajar en esa División. No estaba seguro de cómo iba a avanzar mi carrera profesional, pasé de ser uno de los ingenieros peor pagados de la División de Ingeniería a ser uno de los segundos profesionales mejor pagados de la División de Mantenimiento de Instalaciones. Todo lo que podía pensar era cómo había llegado a un callejón sin salida en mi carrera, tenía miedo de adaptarme al cambio. En ese momento empecé a releer *¿Quién movió mi queso?* Y empecé a ver el cambio desde una perspectiva diferente.

Aquí hay dos estrategias que puedes usar para aceptar el cambio:

1.	Asume la responsabilidad

2.	Cambia tu mentalidad

Asume la responsabilidad

Consulta el Código Secreto #3 - Asume la responsabilidad. Cuando un cambio comienza a suceder en tu vida, debes darte cuenta que eres 100% responsable de ese cambio. No culpes a otros por ese cambio y date cuenta de que el cambio está ocurriendo debido a las acciones que has tomado. Entonces, comenzarás a ver este cambio como el comienzo de una nueva oportunidad en lugar del final.

Ejercicio del Plan de Acción

Piensa en un área de tu vida que esté cambiando o haya cambiado recientemente. Escribe tres oportunidades positivas que este cambio puede traer:

1. _____

2. _____

3. _____

Por ejemplo, si recientemente has sido parte de una reducción de personal de la empresa para la que trabajas, puede ser la oportunidad de aventurarte en un nuevo campo.

A medida que empieces a asumir la responsabilidad del cambio y empieces a escribir cómo este cambio puede traer nuevas oportunidades, empezarás a aceptar el cambio.

Cambia tu mentalidad

Consulta el Código Secreto #6 - Actitud Mental Positiva (Positive Mental Attitude, PMA). Probablemente has escuchado la famosa frase de que puedes mirar un vaso medio lleno o medio vacío. Se trata de tu perspectiva en la vida, un vaso medio vacío significa que lo miras desde un punto de vista negativo, mientras que el vaso medio lleno es tu perspectiva positiva. La segunda estrategia para aceptar el cambio y vivir una vida más feliz y exitosa es cambiar tu forma de pensar y empezar a ver las cosas desde una perspectiva positiva. Me encanta el famoso dicho del Dr. Wayne Dyer: Cuando cambias la forma en que miras las cosas, las cosas que miras cambian.

Ejercicio del Plan de Acción

De nuevo, pensando en la misma área de tu vida que está cambiando o ha cambiado recientemente. Escribe tres maneras en que puedes ver este cambio desde una perspectiva positiva:

Por ejemplo, si estás experimentando cambios en una relación, piensa en las cosas positivas que este cambio puede traer. Tal vez este cambio en la relación es una oportunidad para que vayas tras el propósito verdadero de tu vida

1. _____

2. _____

3. _____

Código #5 | Las palabras que dices

"Ten cuidado con tus palabras. Una vez que se dicen, sólo pueden ser perdonadas, no olvidadas". – Desconocido

Hay tanto poder en las palabras que dices, la vida o la muerte está en tus palabras. Es muy importante ser consciente de las palabras que dices. Las palabras que dices crean una emoción, tu emoción entonces crea tus sentimientos, y tus sentimientos a su vez te hacen actuar y esto es lo que crea resultados en tu vida. Si no estás viviendo una vida exitosa y feliz, comienza a pensar en las palabras que usas diariamente para describirte, la vida que estás viviendo es un reflejo directo de las palabras que usas.

A menudo oirás a la gente que pasa por una crisis financiera hablando de la falta de dinero que tienen en su vida. A menudo dicen: "Estoy quebrado", "No tengo suficiente dinero", "Vivo de sueldo en sueldo", "No puedo permitirme ese lujo", "Es demasiado caro". Otros pueden quejarse de su salud o de sus relaciones de forma similar, centrándose en la falta de ese 'algo'. Recuerda, las palabras que dices crean una emoción, un sentimiento, una acción y resultados.

El Poder de la palabra

Entender que hay tanto poder en las palabras que decimos también puede darnos la oportunidad o el "Poder" de cambiar nuestras palabras para crear una vida más feliz y exitosa. De la misma manera que hablamos de la falta de dinero, salud o relaciones, podemos empezar a hablar de la abundancia que tenemos en todas estas áreas. Esto es más fácil de decir que de hacer, ¿verdad? Al principio puede sonar raro que estemos hablando de tener abundancia de dinero cuando tenemos desafíos con él; sin embargo, cuanto más a menudo hablemos de la abundancia, más lo creemos, y eventualmente llegará a existir.

En lugar de decir "Estoy quebrado" podemos decir como Les Brown, un famoso conferencista motivacional, diría "Estoy teniendo un desafío temporal con el dinero". Cuando la gente nos pregunta cómo estamos, en lugar de decir que no me siento bien, podemos decir que estoy verdaderamente bendecido y altamente favorecido y mejorando todos los días. Estas afirmaciones positivas comenzarán a crear un nuevo sentimiento en tu subconsciente; a menudo se dice que tu subconsciente no sabe la diferencia entre lo bueno y lo malo, sólo acepta lo que le das de comer.

Ejercicio del Plan de Acción

Empieza a controlar las palabras que dices todos los días en las tres áreas principales de tu vida: Salud, Dinero y Relaciones. Empieza a pensar en cómo puedes cambiar la falta de palabras negativas en una de abundancia.

Salud

Si actualmente estás experimentando algunos problemas de salud, puedes empezar a decir "Estoy viviendo una vida saludable". Escribe tres formas en las que puede hablar de abundancia en términos de tu salud

1. _____

2. _____

3. _____

Dinero

Si estás experimentando actualmente algunos retos en tus finanzas, puedes empezar a decir "estoy financieramente bien" o "atraigo la riqueza".

Escribe tres formas en que puede hablar de abundancia en términos de tu patrimonio

1. _____

2. _____

3. _____

Relaciones

Si actualmente estás experimentando algunos retos en tu relación, puedes empezar a decir "soy amado" o "atraigo a las personas adecuadas a mi vida". Escribe tres maneras en que puedes hablar de abundancia en términos de tus relaciones

1. _____

2. _____

3. _____

Código #6 | Actitud Mental Positiva

"Todo lo que la mente puede concebir y creer, lo puede lograr".
– Napoleon Hill

La primera vez que oí hablar de la frase Actitud Mental Positiva (Positive Mental Attitude, PMA), que no hay que confundir con el PMS (Síndrome Pre-Menstrual, que sería un capítulo completamente nuevo), fue cuando tuve mi primer encuentro con la industria del marketing directamente. Hace unos veinticinco años, un compañero de trabajo del departamento de contabilidad me presentó Quickstar, una versión moderna de Amway en ese momento. Me invitaron a una conferencia de oportunidad abierta en un hotel.

Cuando llegué a la reunión, me sorprendió ver a tanta gente emocionada por la vida, saltando de alegría, gritando con sus pulmones LIBERTAD y levantando los brazos en alto como si estuvieran alabando al Señor. Lo primero que me vino a la mente fue que esta gente está loca, están fuera de sí. Mi voz interior me preguntaba en qué me había metido. Me acompañaron al frente de la habitación y mientras me dirigía al frente de la sala, varias personas me chocaban los cinco y me decían: "Pablo, eres el mejor, fuiste creado para la grandeza". Me dije a mi mismo, como es que estas personas sabían mi nombre, sin darme cuenta que tenía una calcomanía de "Hola mi nombre es" con mi nombre en ella y con un código de colores para identificarme como un nuevo participante.

Esta fue una experiencia impactante para mí porque antes de asistir a esta reunión, siempre escuchaba a la gente quejarse de sus trabajos, supervisores, salud, finanzas, relaciones y todo lo demás que estaba mal en sus vidas. Después de la reunión le pregunté a mi amigo:
¿Por qué toda esta gente está emocionada a las 8 p.m. de un lunes por la noche? y mi amigo respondió:
-"Estas personas están entusiasmadas con sus vidas, el futuro, sus sueños de ser totalmente LIBRES financieramente y LIBRES para hacer las cosas que les gusta hacer con la gente con la que eligen hacerlo".

Yo me dije a mi mismo: "A mi amigo también le han lavado el cerebro". Vio mi expresión y me dijo: "Probablemente pienses que también me han lavado el cerebro". Obviamente que eso era exactamente lo que estaba pensando, pero no quería admitirlo; entonces pensé, "no sólo le han lavado el cerebro, sino que también puede leer mi mente".

Una Actitud Mental Positiva

Me estaba preparando para ir a casa, cuando mi amigo me dio una carpeta de plástico azul (llamado lit-pack, abreviatura de paquete de literatura) y me dijo que leyera el libro y escuchara la "Cinta de cassette". Hagamos una pausa aquí y expliquemos a algunos de los *millennials* que pueden estar leyendo este libro, que una cinta de cassette era un pequeño dispositivo de aspecto rectangular que se utilizaba para grabar música y/o información. Esto fue antes de la era de los CD, USB y las capacidades de *streaming*. En el paquete de literatura, incluían una copia del libro *La magia de pensar en grande de David J. Schwartz* y una cinta de una inspiradora historia de éxito de Amway de un ingeniero civil multimillonario llamado Bill Britt.

Comencé a leer el libro y a hacer una lista de la historia de Bill Britt. Pronto empecé a cambiar la forma en que veía las cosas y como diría el Dr. Wayne Dyer - Las cosas que veía empezaron a cambiar, descubrí que podemos tener una perspectiva positiva de la vida o seguir pensando como las masas y tener una perspectiva negativa de la vida. Empecé a cambiar mi forma de pensar y a desarrollar una actitud mental positiva.

Empecé a aprender el significado de las famosas frases

- "Como un hombre piensa, así es él"
- "El hombre habla desde la abundancia de su corazón"

Antes de proporcionarte algunas guías prácticas para ayudarte a desarrollar una Actitud Mental Positiva, quiero compartir contigo otra historia.

La basura en tu Sala de Estar

Joe Roque, un amigo, ingeniero prestigioso, empresario y mentor me dijo una vez: "Pablo, ¿permitirás que alguien entre en tu sala de estar sin ser invitado con dos bolsas negras llenas de basura y tire toda esa basura en tu sala de estar?

Yo respondí - ¿De qué estás hablando Joe? (con mi acento neoyorquino), ¡claro que no! Joe dijo: "Piensa en toda la gente que te rodea y sin invitación está tirando toda esa basura (negatividad) en tus oídos", estás permitiendo que suceda. Dijo que no es diferente de la analogía de la sala de estar que comparto con ustedes.

Joe continuó explicando que debemos protegernos de lo que permitimos que entre en nuestros oídos y en nuestras mentes, especialmente de la gente no invitada que quiere tirar su basura negativa sobre nosotros.

Desarrollar una Actitud Mental Positiva

Esta es una guía práctica para ayudarte a desarrollar una Actitud Mental Positiva (PMA). Primero, debemos entender que somos criaturas de hábitos, debemos empezar a desarrollar un nuevo hábito y se centrará en reemplazar los pensamientos negativos por pensamientos positivos.

A menudo se dijo y se citó erróneamente por muchos oradores motivacionales famosos que toma 21 días desarrollar un hábito nuevo. Esta idea fue extraída del libro del Dr. Maltz sobre el cambio de comportamiento llamado *Psico-Cibernética*. El libro se convirtió en un éxito de ventas, vendiendo más de 30 millones de copias. En su libro el Dr. Maltz se centró en su propio comportamiento y citó en su libro que le tomó un mínimo de 21 días para crear un nuevo hábito en su propia vida.

En un nuevo estudio publicado en el *European Journal of Social Psychology* por Phillippa Lally, una investigadora de psicología de la salud del University College de Londres, descubrió que, en promedio, se tardaba unos dos meses o sesenta y seis (66) días en desarrollar un nuevo hábito.

Ahora, aquí está tu guía práctica para los próximos 66 días consecutivos que comenzarás a hacer los siguientes dos simples pasos:

1. Lee o escucha algo positivo, inspirador, motivador durante al menos 15 minutos antes de irse a dormir

2. Lee o escucha algo positivo, inspirador, motivador durante al menos 15 minutos tan pronto como te despiertes.

Rodéate de otras personas de pensamiento positivo, evita cualquier información negativa (las noticias). No te preocupes y sentirás que te desconectas del mundo al no ver las noticias. En nuestra era moderna, los medios de comunicación social le proporcionarán automáticamente actualizaciones en vivo.

Ejercicio del Plan de Acción

Anota en el espacio de abajo cuántos minutos al día te comprometerás a leer o enumerar material positivo, inspirador y motivador:

1.Yo _____, me comprometeré a leer o escuchar algo positivo, inspirador, motivador durante al menos _____ minutos cada día durante los próximos 66 días consecutivos antes de irme a dormir.

2. Yo _____, me comprometeré a leer o escuchar algo positivo, inspirador, motivador por lo menos _____ -minutos cada día durante los siguientes 66 días consecutivos tan pronto como me despierte.

Código #7 | Actitud de Gratitud

"Cultiva el hábito de estar agradecido por cada cosa buena que te llega, y de dar gracias continuamente."
- Ralph Waldo Emerson

Mientras estoy finalizando este libro, estamos en la temporada de vacaciones cuando estar agradecido está en la mente de todos, especialmente con la festividad de Acción de Gracias (Thanksgiving). Esta época del año es muy especial para la mayoría, ya que nos da la oportunidad de pasar tiempo con nuestros seres queridos. Es la temporada en la que se nos recuerdan todas las cosas por las que estamos agradecidos y es cuando recibimos la mayoría de los mensajes de gratitud de nuestra familia y amigos.

¿Y si pudiésemos vivir con este sentimiento de gratitud todos los días? Piensa por un momento cómo te sentirías si hicieras un hábito de estar agradecido y alegre a diario por todas las cosas pequeñas y grandes de tu vida. Así como tienes el poder de elegir las palabras que dices; también tienes el poder de desarrollar un hábito de estar agradecido. Este hábito se conoce como una "Actitud de Gratitud".

Actitud de Gratitud

Tener una actitud de gratitud se refiere a desarrollar un hábito de expresar agradecimiento y apreciación de manera consistente en todas las áreas de tu vida; tanto para las cosas pequeñas como para las grandes. Mis mentores siempre me decían que si soy agradecido y me concentro en lo que tengo, tendré más. Si me concentrara en lo que no tengo, nunca tendría suficiente

Aquí hay tres estrategias que pueden ayudarte a empezar a desarrollar una Actitud de Gratitud:

1. *Mantén un diario*

Escribe diariamente todas las cosas por las que estás agradecido. Escribirlo y reconocer todas las cosas por las que estás agradecido comenzará a cambiar tus sentimientos. Como mencioné antes, a medida que tus sentimientos comiencen a cambiar de manera positiva, tus emociones y acciones también cambiarán creando resultados positivos en tu vida.

2. *Comparte con Otros*

Empieza a compartir con los demás lo agradecido y satisfecho que estás por tenerlos en tu vida, de manera consistente haz el hábito de conectarte con dos o tres personas, envíales una nota o llámalos para agradecerles; la mayoría de la gente se pone en contacto cuando alguien necesita algo.

Es muy raro que la gente reciba una nota o una llamada de agradecimiento, cuando empieces a estar agradecido vivirás con un sentimiento de gratitud todos los días y no tendrás que esperar a que sea la temporada de vacaciones navideñas.

3. *Rodéate de gente que piense como tú*

Hemos escuchado a menudo la frase: "Dime quiénes son tus amigos y te diré quién eres". Algunos de nosotros incluso le hemos dicho a nuestros hijos que tengan cuidado con quién pasan su tiempo. Debemos empezar a rodearnos de gente que tenga una actitud de gratitud, de gente que vea sus retos o sus breves obstáculos como oportunidades.

Ejercicio del Plan de Acción

Empieza a pensar en todas las pequeñas y grandes cosas de tu vida por las que estás agradecido

Pequeñas cosas en mi vida que aprecio y por las que estoy agradecido...

1. _____

2. _____

3. _____

Grandes cosas en mi vida que aprecio y por las que estoy agradecido...

    1. _____

    2. _____

    3. _____

Código de Bono	Toma Acción Masiva

"Tanto creas que puedes como si crees que no puedes, tienes razón." - Henry Ford

En el título del libro menciono 7 códigos secretos, pero quería dar un código extra, que es el de "Tomar Acción Masiva". A veces nos sobrecargamos con tanta información que no sabemos cómo empezar a implementar lo que hemos aprendido. Nada va a suceder o cambiar si no actuamos, debemos actuar.

Primero, comienza usando este libro como tu guía y empieza a identificar tu propósito de vida. Luego comienza a establecer tus metas para los próximos 90 días. Una vez que hayas identificado tus metas, empieza a crear el hábito de una Actitud de Gratitud, desarrolla una Actitud Mental Positiva alimentando continuamente tu mente con material positivo y motivador cada mañana y cada noche durante un mínimo de quince minutos.

Ten mucho cuidado con quien te asocias, mis mentores dirán que en cinco años, me convertiré en los libros que leo y en las personas con las que me relaciono. También me dirían que me convertiré en el promedio de las cinco personas con las que me rodeo constantemente.

Tomar acciones masivas significaría que si me muevo, estoy constantemente haciendo una lista de material motivador e inspirador. Si estoy quieto, entonces estoy constantemente leyendo material motivacional e inspirador. Tomar esto como una situación de HACER o MORIR y morir no es una opción.

¡Toma una acción masiva como si HOY fuera tu último día aquí en la tierra!

Ejercicio del Plan de Acción

Piensa en tres formas en las que puedes empezar a tomar acciones masivas en las diferentes áreas de tu vida: salud, dinero y relaciones:

Salud

1. _____

2. _____

3. _____

Dinero

1. _____

2. _____

3. _____

Relaciones

1. _____

2. _____

3. _____

Puede que quieras empezar definiendo tu propósito, estableciendo tus objetivos y empezar leyendo material de inspiración motivacional todos los días.

Pensamientos Finales

Quiero aprovechar esta oportunidad para agradecerles por tomarse un tiempo de su apretada agenda para leer los 7 Códigos Secretos para el Éxito. Espero que lo hayan disfrutado tanto como yo he disfrutado escribiendo esta guía para y por ustedes.

Si has disfrutado de este libro y te has beneficiado de las ideas y experiencias que he compartido en este libro, te pido respetuosamente que recomiendes este libro a un familiar, amigo, compañero de trabajo o cualquier otro individuo que pueda beneficiarse de las ideas y experiencias que he compartido contigo.

Mi nombre es Pablo Fabrizio Valle. Com - El Padrino del Networking, Nos vemos en la parte superior porque la parte inferior está superpoblada.

¡Soy verdaderamente bendecido y altamente favorecido por haberme conectado con ustedes a través de este libro!

¡Lo mejor está por venir!
Pablo Fabrizio Valle

Pablo Fabrizio Valle
Junio 2020

Sobre el Autor

Pablo Fabrizio Valle es Gerente de Programa en el Departamento de Planificación, Ingeniería y Construcción de la Autoridad Metropolitana de Tránsito del Condado de Harris, en Houston, Texas. Dirige diversos proyectos de transporte y construcción en varias áreas para la región metropolitana de Houston.

Pablo es también un emprendedor y un autor de best-sellers de Amazon. Es el fundador de dos exitosas organizaciones de redes profesionales: The Latino Professional Business Network (LPBNet) y Small Business Connexion (SBC). Pablo es también el productor ejecutivo y anfitrión de Enfoque Houston, un programa de entrevistas de negocios que se transmite por ESPN Deportes Radio y Univisión Deportes Radio.

Pablo ha desempeñado numerosos roles de liderazgo, incluyendo: Tesorero y Presidente de la Sociedad Americana de Ingenieros Civiles - Capítulo Estudiantil, Miembro de la Junta de la Cámara de Empresarios Latinos, Presidente, Co-Presidente de Membresía, y Secretario/Tesorero del Instituto de Ingenieros de Transporte de Texas Distrito de Houston.

Pablo obtuvo su licenciatura en Ingeniería Civil en el City College de Nueva York y una maestría en Ingeniería Civil/Transporte en el Centro de Graduados de la Universidad de la Ciudad de Nueva York. Está casado con su novia de la secundaria Tanya N. Valle desde 1994. Tienen tres hijos: Justin Paul, Jeremy Timothy y Jayden Christian Valle.

¡Reserva a Pablo Fabrizio Valle
para que hable en el próximo
evento de tu Asociación, Cámara o
Compañía!

Para más información
¡Llame al (800) 582-1957 HOY!

www.PabloFabrizioValle.com

Made in the USA
Middletown, DE
19 February 2022